COLETTE SAMSON

Alex et Zoé et compagnie

Nouvelle Edition

1

Livre de l'élève

CLE
INTERNATIONAL

Bonjour ! Comment tu t'appelles ?

Ecoute et montre
la bonne image !

TBI

Activités GP p.5
Activités CA p.2

Ecoute et répète
le rap !

Activités GP p.6
Activités CA p.2

© CLE International,SEJER,2010
ISBN 978-2-09-038330-0

C 🎧

Ecoute et réponds !

Activités GP p.7
Activités CA p.3

D 🎧

Ecoute, montre
la bonne image
et réponds !

TBI

TINTIN

Activités GP p.7-8
Activités CA p.3

Zoé

Alex

Basile

Loulou

E

Ecoute et mime avec tes mains !

TBI

Activités GP p.9
Activités CA p.4

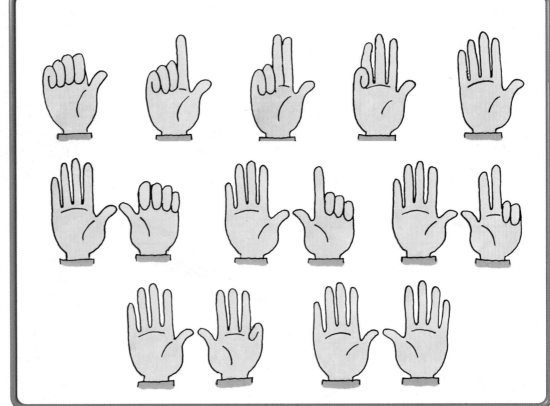

F

Entraîne-toi :
écoute et répète !

Chante la chanson !

Activités GP p.10
Activités CA p.4

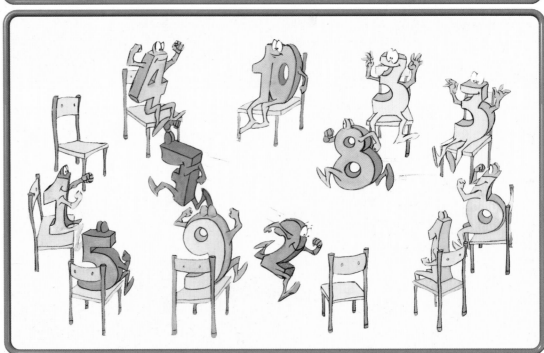

BD 🎧

Regarde et écoute !

Ecoute et donne
le bon numéro !

Activités GP p.11-12
Activités CA p.5

Charles Perrault

Tu as quel âge ?

A 🎧

Ecoute et montre
la bonne image !

TBI

Activités GP p.13
Activités CA p.6

B 🎧

Ecoute et répète
la chanson !

Activités GP p.14
Activités CA p.6

Ecoute et montre
la bonne photo !

TBI

Activités GP p.15-16
Activités CA p.7

Ecoute et réponds !

Activités GP p.16
Activités CA p.7

7

E

Ecoute et montre
la bonne image !

TBI

Activités GP p.17
Activités CA p.8

①

②

③

④

F

Ecoute et trouve !

Fais le sondage !

Activités GP p.18
Activités CA p.8

1. Je n'ai pas de perruche !

2. Je n'ai pas de poisson rouge !

3. Je n'ai pas de hamster !

4. Je n'ai pas de tortue !

5. Je n'ai pas de chat !

6. Je n'ai pas de chien !

7.

8. Mais j'ai Rodolphe mon dragon !
Et aujourd'hui, c'est mon anniversaire : j'ai trois ans !

BD 🎧

Regarde et écoute !

Ecoute et donne le bon numéro !

Activités GP p.19-20
Activités CA p.5

« L'Ogre »

Qu'est-ce que c'est ?

Ecoute et répète !

TBI

Activités GP p.21-22
Activités CA p.10

Ecoute et mime
le rap !

Activités GP p.22
Activités CA p.10

Ecoute et répète !

TBI

Activités GP p 23-24
Activités CA p.11

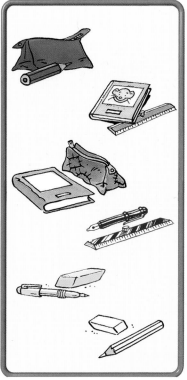

Ecoute et montre
le bon objet !

Activités GP p.24
Activités CA p.11

Ecoute et montre
le bon objet !

TBI

Activités GP p.25-26
Activités CA p.12

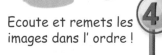

Ecoute et remets les
images dans l' ordre !

Activités GP p.26
Activités CA p.12

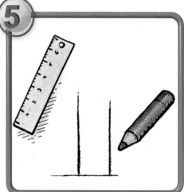

BD 🎧

Regarde et écoute !

Ecoute et donne
le bon numéro !

Activités GP p.27-28
Activités CA p.13

Le Petit Poucet

Qui es-tu ? Qu'est-ce que tu fais?

A

Ecoute et mime !

TBI

Activités GP p.29
Activités CA p.14

B

Ecoute et répète
la chanson !

Activités GP p.30
Activités CA p.14

Un éléphant, ça trompe, ça trompe... un éléphant, ça trompe énormément.
Deux éléphants, ça trompe, ça trompe... deux éléphants, ça trompe énormément.

Trois éléphants, ça trompe, ça trompe...
Quatre éléphants...

C

Ecoute et montre la bonne image !

Ecoute et mime !

TBI

Activités GP p.31-32
Activités CA p.15

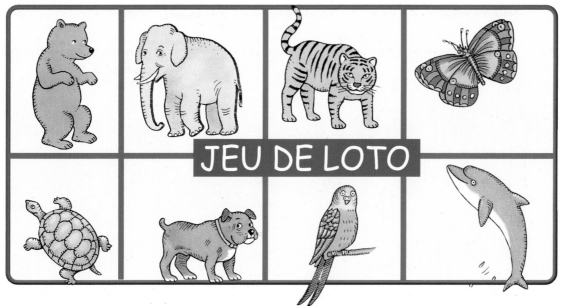

JEU DE LOTO

D

Joue au jeu de loto !

Activités GP p.32
Activités CA p.15

E 🎧

Ecoute et choisis
la bonne photo !

TBI

Activités GP p.33-34
Activités CA p.16

F 🎧

Ecoute, répète et
mime la chanson !

Activités GP p.34
Activités CA p.16

PONT D'AVIGNON

1. Je fais de la moto !

2. Je chante !

3. Je danse !

BD 🎧

Regarde et écoute!

Ecoute et donne le bon numéro !

Activités GP p.35-36
Activités CA p.17

4. Je nage comme un dauphin !

5. Je joue du saxophone !

6. Je vole !

7. Je suis Super Mamie !

Mère-grand

Qu'est-ce que tu veux ?

 **A** 🎧

Ecoute et répète !

TBI 🖥️

Activités GP p.37-38
Activités CA p.18

 B 🎧

Ecoute et répète
le rap !

Activités GP p.38
Activités CA p.18

20

C 🎧

Ecoute et réponds !

TBI 🖥

Activités GP p.39-40
Activités CA p.19

D 🎧

Ecoute et montre
la bonne image !

Activités GP p. 40
Activités CA p. 19

E 🎧

Ecoute et choisis
la bonne photo !

TBI

Activités GP p.41
Activités CA p.20

F 🎧

Ecoute et trouve !

Fais le sondage !

Activités GP p.42
Activités CA p.20

1 Joyeux anniversaire

On joue à la Belle au bois dormant?!

D'accord!

2 Je suis la sorcière! Ah! Ah! Tu veux dormir... tu veux dormir...

BD

Regarde et écoute !

Ecoute et donne le bon numéro !

Activités GP p. 43-44
Activités CA p. 21

3 Loulou! Oui, tu veux dormir toi aussi...

4 Super! Je veux dormir aussi !

5 Voilà le gâteau !

6 Du gâteau, je veux du gâteau!

7 Joyeux anniversaire Zoé! Joyeux anniversaire Belle au bois dormant!

La Belle au bois dormant

Nöel ? Qu'est-ce qu'il y a à Noël ?

A 🎧

Ecoute et répète !

TBI 🖥

Activités GP p.45
Activités CA p.22

B 🎧

Ecoute et répète
la comptine !

🎲

Activités GP p.46
Activités CA p.22

1, 2, 3, dans sa hotte de bois,
4, 5, 6, il y a des surprises
7, 8, 9, des jouets tout neufs
10, 11, 12, du bonheur pour tous !

Unité 6 — LEÇON 2

1

2

C 🎧

Ecoute et montre
la bonne image !

TBI

Activités GP p. 47
Activités CA p. 23

3

4

D 🎧

Ecoute et choisis
le bon père Noël !

TBI

Activités GP p. 48
Activités CA p. 23

E

Ecoute et montre
le bon objet !

Activités GP p. 49-50
Activités CA p. 24

1 Alex! Les boules de Noël, s'il te plaît! Zoé! Les guirlandes! Merci!

2 Je voudrais l'étoile, oui et les bougies!

BD

Regarde et écoute !

Ecoute et donne le bon numéro !

Activités GP p. 51-52
Activités CA p. 25

3 Voilà! Oh! Comme c'est joli!

4 1,2,3 dans sa hotte de bois, 4,5,6 il y a des surprises...

5 Coucou! Joyeux Noël! Croquetout? Le père Noël? Super!

6 heu... Je voudrais bien de la bûche de Noël et des chocolats!

7 Joyeux Noël, Croquetout! Joyeux Noël!

Le père Noël

Qu'est-ce que tu aimes ?

A

Ecoute et montre la bonne image !

Fais un jeu de devinette! !

TBI

Activités GP p.53-54
Activités CA p.26

1

2

3

4

B

Ecoute et répète la comptine !

Activités GP p.54
Activités CA p.26

Pêche, pomme, poire, abricot,
Y'en a une, y'en a une,
Pêche, pomme, poire, abricot,
Y'en a une qui est en trop.
C'est l'abricot qui est en trop.

Ecoute et montre
la bonne image !

TBI

Activités GP p.55-56
Activités CA p.27

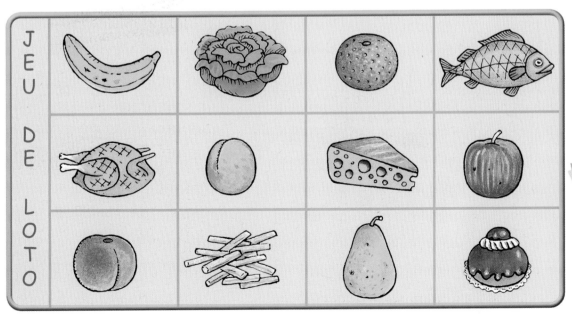

J E U D E L O T O

Joue au jeu de loto !

Activités GP p.56
Activités CA p.27

E

Ecoute et répète
la chanson !

Activités GP p. 57
Activités CA p. 28

J'aime la galette,
Savez-vous comment ?
Quand elle est bien faite
Avec du beurre dedans !
Tra la la la la la la la lère
Tra la la la la la la la la.
Tra la la la la la la la lère
Tra la la la la la la la la.

F

Ecoute et trouve !

Fais le sondage !

TBI

Activités GP p. 58
Activités CA p. 28

BD

Regarde et écoute !

Ecoute et donne le bon numéro !

Activités GP p. 59-60
Activités CA p. 29

Le Petit Chaperon rouge

Qu'est-ce que tu sais faire ?

A 🎧

Ecoute et répète !

Regarde et complète !

TBI

Activités GP p.61-62
Activités CA p.30

B 🎧

Ecoute et réponds !

TBI

Activités GP p. 62
Activités CA p. 30

C

Ecoute et répète !

TBI

Activités GP p.63-64
Activités CA p.31

Qu'est-ce que tu sais faire ?
Qu'est-ce que tu sais faire ?
Je sais faire du vélo !
Je sais faire du vélo !

Qu'est-ce que tu sais faire ?
Qu'est-ce que tu sais faire ?
Je sais faire du judo !
Je sais faire du judo !

Qu'est-ce que tu sais faire ?
Qu'est-ce que tu sais faire ?
Je sais jouer du saxo !
Je sais jouer du saxo !

D

Ecoute et répète
la chanson !
Activités GP p.64
Activités CA p.31

E 🎧

Ecoute et montre
le personnage et
dis le numéro !

Activités GP p.65-66
Activités CA p.32

BD

Regarde et écoute !

Ecoute et donne
le bon numéro !

Activités GP p. 67-68
Activités CA p. 33

Le Chat botté

Qu'est-ce que tu mets aujourd'hui ?

A 🎧

Ecoute et regarde !

Puis montre
la bonne image !

TBI

Activités GP p.69
Activités CA p.34

B 🎧

Ecoute et répète
la chanson !

Activités GP p.70
Activités CA p.34

Prom'nons-nous dans les bois
Pendant que le loup n'y est pas.
Si le loup y était, il nous mangerait.

Loup y es-tu ? Que fais-tu ?
Je mets mon pantalon !
Je mets ma chemise...,
mes chaussettes...,
mes bottes...,
ma veste...,
mon chapeau.
J'arrive !

C 🎧

Ecoute, montre les couleurs et réponds !

TBI

Activités GP p. 71-72
Activités CA p. 35

JEU DE LOTO

D 🎧

Joue au jeu de loto !

Activités GP p. 72
Activités CA p. 35

E 🎧

Ecoute et choisis
la bonne photo !

TBI

Activités GP p. 73-74
Activités CA p. 36

F 🎧

Ecoute et montre
le bon personnage !

Activités GP p. 74
Activités CA p. 36

1. J'ai un gilet noir, une chemise jaune et un pantalon jaune...

2. Je mets les bottes !

3. Je marche et je saute !

BD 🎧

Regarde et écoute !

Ecoute et donne le bon numéro !

Activités GP p. 75-76
Activités CA p. 37

4. Je danse et je vole !

5. Super ! J'ai les bottes de sept lieues ! Je suis un magicien !

6. Non ! Je suis un ogre !

7. Bonjour Croquetout, ça va ?

8. Oui ! Tu vois, moi, aujourd'hui, je suis le Petit Chaperon rouge !

9. C'est pour la galette ... Vive le carnaval !

Le Petit Poucet et les bottes de sept lieux

Qu'est-ce que tu prends au petit déjeuner ?

A 🎧

Ecoute et montre
la bonne image !

TBI

Activités GP p. 77-78
Activités CA p. 38

① Leloup

② Zoé

③ Maman

④ Basil

B 🎧

Ecoute et répète
la chanson !

Activités GP p. 78
Activités CA p. 38

Dansons la capucine,
'Y a pas de pain chez nous !
'Y en a chez la voisine,
Mais ce n'est pas pour nous,
You !

Ecoute et montre
la bonne photo !

TBI

Activités GP p. 79-80
Activités CA p. 39

Céréales, céréales,
Pain grillé, pain grillé
Beurre et confiture, beurre et confiture,
Café au lait, café au lait.

Ecoute et répète
la chanson !

Activités GP p. 80
Activités CA p. 39

E 🎧

Regarde, imagine
le dialogue, puis
écoute !

Activités GP p. 81
Activités CA p. 40

F 🎧

Ecoute et trouve !

Fais le sondage !

TBI

Activités GP p. 81-82
Activités CA p. 40

1. Voilà le petit déjeuner !

2. Je voudrais du thé s'il te plaît Croquetout !

BD 🎧

Regarde et écoute !

Ecoute et donne le bon numéro !
Activités GP p. 83-84
Activités CA p. 41

3. Je voudrais du gâteau ! Mmmm !

4. Vous savez Mamie, des céréales, une pomme et une orange... c'est très bon au petit déjeuner !

5. Je voudrais de la confiture ! Il y a de la confiture ?

6. J'aime le fromage, j'adooore le fromage !

7. Il y a du chocolat ? Je voudrais bien du chocolat et une tartine !

SLURP

Barbe bleue

Quelle heure est-il ?

A

Ecoute et relis
le jour à la
bonne image !

TBI

Activités GP p. 85-86
Activités CA p. 42

Lundi

Mardi

Mercredi

Jeudi

Vendredi

Samedi

Dimanche

B

Ecoute et répète
la comptine !

Activités GP p. 86
Activités CA p. 42

BAL DU SAMEDI

Bonjour, Madame Lundi !
Comment va Madame Mardi ?
—Très bien, Madame Mercredi.
Dites à Madame Jeudi
Et à Madame Vendredi
De venir danser samedi
Au bal de Madame Dimanche !

C

Ecoute et répète les nombres !

Activités GP p. 87
Activités CA p. 43

D

Ecoute et réponds !

Activités GP p. 88
Activités CA p. 43

E 🎧

Ecoute et montre
la bonne pendule !

TBI

Activités GP p.89
Activités CA p.44

F 🎧

Joue au jeu de loto !

TBI

Activités GP p.89
Activités CA p.44

JEU DE LOTO

1. Je mets une robe rose...

2. ...des chaussures roses et un gilet blanc.

3. Maman! Je vais au bal! Je rentre à minuit!

BD 🎧

Regarde et écoute !

Ecoute et donne le bon numéro !

Activités GP p. 91-92
Activités CA p. 45

4. Voilà le bal. Oh! Comme c'est beau!

5. Il est là! Le Prince Alexandre!

6. Le Prince danse avec moi!

7. Humpf. Il est 11 heures! Oh la la !

8. Il est minuit! Au revoir! Oh! Ma chaussure...

Quelle heure est-il?

Cendrillon

Tu as les yeux de quelle couleur ?

A 🎧

Ecoute et mime !

TBI

Activités GP p. 93
Activités CA p. 46

B 🎧

Ecoute, répète et danse la chanson !

Activités GP p. 94
Activités CA p. 46

Jean Petit qui danse, (bis)
De son pied il danse, (bis)
De son pied, pied, pied,
Ainsi danse Jean Petit.

Jean Petit qui danse, (bis)
De sa tête il danse, (bis)
De sa tête, tête, tête,
De son pied, pied, pied,
Ainsi danse Jean Petit.

C 🎧

Ecoute et répète !
Activités GP p. 95
Activités CA p. 47

D 🎧

Ecoute et montre
le monstre !

 TBI 🖥️

Activités GP p. 96
Activités CA p. 47

E 🎧

Ecoute et choisis
le bonne photo !

TBI

Activités GP p. 97
Activités CA p. 48

① ② ③

④ ⑤ ⑥

F 🎧

Ecoute et répète !

Activités GP p. 98
Activités CA p. 48

1. Bonjour Mère-grand ! Que tu as de grandes oreilles ! — C'est pour mieux écouter !

2. Que tu as de grandes jambes !

BD 🎧

Regarde et écoute !

Ecoute et donne le bon numéro !

Activités GP p.99-100
Activités CA p. 49

3. C'est pour mieux sauter !

4. Que tu as de grands yeux ! — C'est pour mieux regarder !

5. Que tu as de grandes dents !

6. C'est pour mieux te manger ! Ah ! Ah ! Ah ! — AAAAAhhh ! — Bravo ! — Bravo ! — CLAP CLAP CLAP CLAP

Le grand méchant Loup

Où es-tu ?

Ecoute et répète !

TBI

Activités GP p.101
Activités CA p.50

Ecoute et répète
la comptine !

Activités GP p. 102
Activités CA p.50

Une poule sur un mur,
Qui picote du pain dur,
Picoti, picota
Lève la queue et puis s'en va !

Ecoute et montre
la bonne image !

Activités GP p. 103
Activités CA p. 51

Ecoute et
trouve !

TBI

Activités GP p. 104
Activités CA p. 51

Ecoute et place
les personnages
au bon endroit !

TBI

Activités GP p. 105-106
Activités CA p. 52

① Je vous fais visiter?

Super!

Voilà la salle de séjour.

Oui, la salle du petit déjeuner!

②

③ Voilà la cuisine.

Regarde et écoute !

Ecoute et donne le bon numéro !

Activités GP p.107-108
Activités CA p. 53

④ Voilà la salle de bains et les toilettes.

⑤ Voilà la chambre.

⑥ Qu'est-ce que c'est?

Oh, rien!

DÉFENSE D'ENTRER

⑦ DÉFENSE D'ENTRER

⑧ Ohh!!!

⑨ Le garde-manger de Croquetout!

Le château de Barbe bleue

Où vas-tu ?

A 🎧

Ecoute et montre
la bonne image !

TBI

Activités GP p. 109
Activités CA p. 54

B 🎧

Ecoute et répète
la chanson !

Activités GP p. 110
Activités CA p. 54

Hep taxi !
Par ici,
Je veux aller à Paris !

Hep métro !
Au galop,
Je voudrais aller au zoo !

Autobus,
Omnibus,
Mène-moi au terminus

JEU DE LOTO

Joue au jeu de loto !

Activités GP p. 112
Activités CA p. 55

Ecoute et choisis
la bonne photo !

Activités GP p. 113
Activités CA p. 56

1

2

3

4

MAIRIE D'ISSY

5

6

Ecoute et trouve !

Fais le sondage !

TBI

Activités GP p. 114
Activités CA p. 56

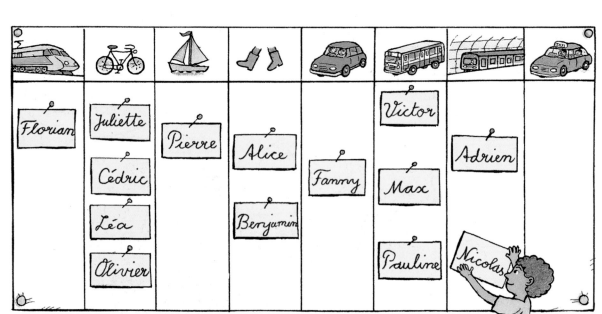

🚄	🚲	⛵	👢👢	🚗	🚌	🚈	🚕
Florian	Juliette	Pierre	Alice	Fanny	Victor	Adrien	
	Cédric		Benjamin		Max		
	Léa				Pauline	Nicolas	
	Olivier						

1 — BAL DU SAMEDI — On va tous au bal !

2 — Regardez ma moto !

3 — La voiture est en panne.

BD 🎧

Regarde et écoute !

Ecoute et donne le bon numéro !

Activités GP p. 115-116
Activités CA p. 57

4 — Va chercher une citrouille !

5 — Abracadabra…

6 — Un vélo ? Non ça ne va pas !

Pof

7 — Abracadabra…

8 — Bravo ! Un carrosse ! — On va tous au bal en carrosse, super !

Le carosse de Cendrillon

On va à Paris ?

A 🎧

Ecoute et montre
la bonne photo !

Activités GP p. 117
Activités CA p. 58

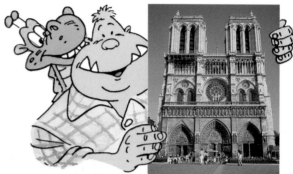

B 🎧

Ecoute et répète !

TBI

Activités GP p. 118
Activités CA p. 58

①

②

③

④

C

Ecoute et trouve !
Activités GP p. 119
Activités CA p. 59

1

2

3

4

5

6

D

Ecoute et montre
la bonne image !

TBI

Activités GP p. 120
Activités CA p. 59

Ecoute et suis
l'histoire !

Activités GP p. 121-122
Activités CA p. 60

Regarde et écoute !

Ecoute et donne
le bon numéro !

Activités GP p. 123-124
Activités CA p. 61

Au Revoir
Charles Perrault !

Édition : Martine Ollivier

Couverture : Fernando San Martín - Daniel Vega

Illustration de couverture : Jean-Claude Bauer

Maquette intérieure : Planète Publicité / Fernando San Martín - Daniel Vega

Illustrations : Jean-Claude Bauer

Nathanaël Bronn

Volker Theinhardt

Pictos : Laurent Audouin

Recherche iconographique : Nadine Gudimard

Crédits photographiques Alex et Zoe, manuel :p. 66g : Hoa Qui/J.F. Lanzarone -
p. 66m : Hoa Qui/M. Renaudeau - p. 66dh : Hoa Qui/S. Grandadam -
p. 66db : Hoa Qui/M. Renaudeau

Toutes autres photos : Marco Polo/F. Bouillot

Coordination artistique : Catherine Tasseau

Dépôt légal : Juin 2014 - N° de projet : 10207906
Achevé d' imprimer en Juin 2014 en Italie sur les presses par Rotolito Lombarda